MEINE GESCHICHTE ALS

Spieler

Höhepunkte Und Erinnerungen

Mein name:

Mein login:

Mein passwort:

Meine aktuelle technik:

Mein lieblingsspiel:

Mein Spielername:

Spielernamen Meiner Freunde:

Mein spielziel:

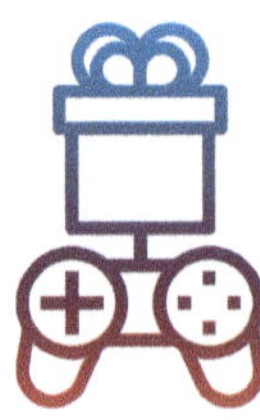

Mein erstes spiel, das ich gespielt habe, war...

Meine erinnerungen an dieses spiel:

Mein ultimatives spieldesign wäre...

Mein bester gewinn war...

Mein lieblingsspiel, das ich jemals gespielt habe, ist...

Meine technische geschichte:

Mein ultimativer spielespeicher:

Gamers Logbuch

Sieg	Ergebnis

Notizen und Erinnerungen...

Gamers Logbuch

Sieg	Ergebnis

Notizen und Erinnerungen...

Gamers Logbuch

Sieg	Ergebnis

Notizen und Erinnerungen...

Gamers Logbuch

Sieg	Ergebnis

Notizen und Erinnerungen...

Gamers Logbuch

Sieg	Ergebnis

Notizen und Erinnerungen…

Gamers Logbuch

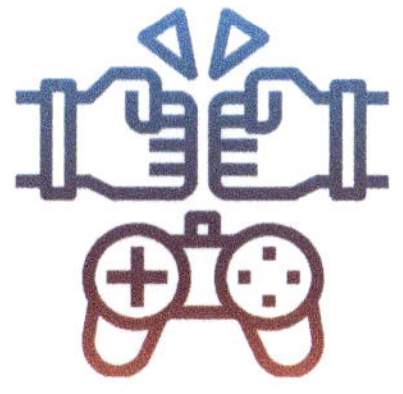

Sieg	Ergebnis

Notizen und Erinnerungen...

Gamers Logbuch

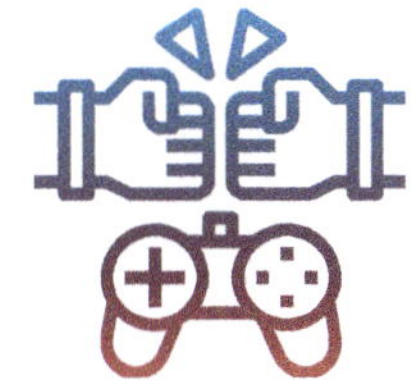

Sieg	Ergebnis

Notizen und Erinnerungen...

Gamers Logbuch

Sieg	Ergebnis

Notizen und Erinnerungen...

Gamers Logbuch

Sieg	Ergebnis

Notizen und Erinnerungen...

Gamers Logbuch

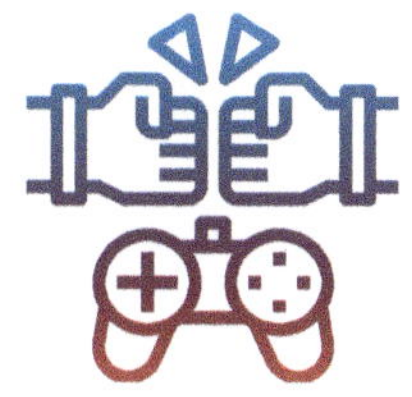

Sieg	Ergebnis

Notizen und Erinnerungen...

Gamers Logbuch

Sieg  Ergebnis

Notizen und Erinnerungen...

Gamers Logbuch

Sieg   Ergebnis

Notizen und Erinnerungen...